LES BLAGUES DE toto

LES BLAGUES DE toto

Le carnet dénote

Scénario et dessin
Thierry Coppée

Couleur
Lorien

DELCOURT

Dans la même série :
Tome 1 : *L'École des vannes*
Tome 2 : *La Rentrée des crasses*
Tome 3 : *Sous les cahiers, la plage*
Tome 4 : *Tueur à gags*
Tome 5 : *Le Maître blagueur*
Tome 6 : *L'As des pitres*
Tome 7 : *La Classe qui rit*
Tome 8 : *L'élève dépasse le mètre*
Tome 9 : *Le Sot à ski*
Tome 10 : *L'Histoire drôle*
Tome 11 : *L'Épreuve de farce*
Tome 12 : *Bête de concours*
Tome 13 : Super Zéro !
Tome 14 : *Devoirs citoyens*
Hors-série : *Dix ans ? Quelle blague !*
Hors-série : *Vacances à la blague !*
Hors-série : *Premières farces*
Hors-série : *Le Carnet dénote*

Du même auteur, chez le même éditeur :
• « La Poule aux œufs d'or » dans *La Fontaine aux fables* T. 3 - collectif
• « Ma Forêt » dans *Henri Dès, chansons en BD* - collecti

www.facebook.com/blaguesdetotobd

Ce livre hors-série contient des histoires parues initialement dans les tomes 4 à 9 et 11 à 12 de la série Les Blagues de Toto, ainsi qu'une page d'autocollants.

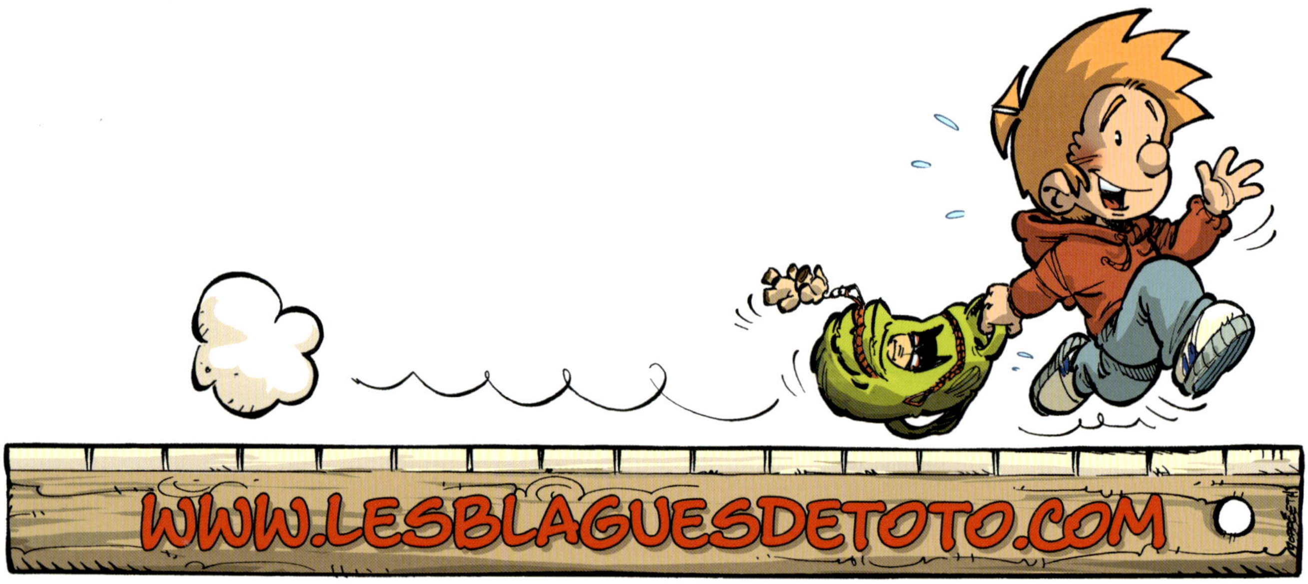

Éditeur : Thierry Joor

Dépôt légal : avril 2018. ISBN : 978-2-413-00924-5
Première édition

Lettrage : Ségolène Ferté
Conception graphique : Trait pour Trait

Loi n° 49-956 du 16 juillet 1949
sur les publications destinées à la jeunesse

Achevé d'imprimer en mai 2018
sur les presses de l'imprimerie Lesaffre, à Tournai, Belgique

www.editions-delcourt.fr

Devoir de mémoire

Classe de Mlle Jolibois
ALLEZ, LES ENFANTS ! DÈS QUE VOUS ÊTES RENTRÉS EN CLASSE, VOUS ME PRÉPAREZ VOTRE DEVOIR POUR QUE JE LE RAMASSE.
MERCI.
MERCI.
MERCI.
MAIS, TOTO... C'EST QUOI, CETTE FEUILLE BLANCHE ?
BEN, MON DEVOIR DE CALCUL MENTAL !

Quel temps fait-il ?

5 SEPTEMBRE.
1) Tu lisais
2) Nous avons nagé
3) J'apprends mes table
4) Il mangera à l'éco
5) Vous écriviez la dictée
6) Ils jouent dans l
VOICI TOUTE UNE SÉRIE D'ACTIONS QUE VOUS RÉALISEREZ CETTE ANNÉE ! POURRIEZ-VOUS ME DIRE LE TEMPS UTILISÉ POUR CHAQUE VERBE ?
« TU LISAIS », C'EST QUEL TEMPS, CAROLE ?
L'IMPARFAIT, MADAME !
ET QUI ME DIRA LE TEMPS DE « NOUS AVONS NAGÉ » ?
C'EST DU PASSÉ COMPOSÉ, MADAME !
BIEN, IGOR !
ET SELON TOI, TOTO, « J'APPRENDS MES TABLES », C'EST QUEL TEMPS ?
?
HEU...
DU TEMPS PERDU, MADAME !

Chant d'oiseau

JE TE PLUMERAI LE BEC, JE TE PLUMERAI LE BEC !
ET LE BEC, ET LE BEC, ALOUETTE !
ET LE BEC, ET LE BEC, ALOUETTE !
TOTO ! TOUT LE MONDE CHANTE, SAUF TOI ! JE PEUX SAVOIR POURQUOI ?
BEN, VOUS VOULEZ LUI PLUMER LE BEC, À CETTE PAUVRE ALOUETTE ?
ET... ?
ET VOUS AVEZ DÉJÀ VU DES PLUMES SUR UN BEC ? VOUS RACONTEZ N'IMPORTE QUOI !
0/10 EN SAVOIR CHANTER... MAIS COMMENT AS-TU FAIT ?
J'AI CLOUÉ LE BEC À LA MAÎTRESSE !

L'idiosyncrasie

CAROLE, TROUVE-MOI, DANS LE TEXTE, UN VERBE QUI EST CONJUGUÉ.
« PROMENONS », MADAME !
JONAS, RETROUVE-MOI À PRÉSENT UN ADJECTIF.
EUH... « BELLES » !
BRAVO, JONAS ! IGOR, VEUX-TU BIEN ME CHERCHER TROIS MOTS DE LIAISON ?
« POUR », « CONTRE » ET « VERS », MADAME.
C'EST PARFAIT !
TOTO ! DONNE-MOI DEUX PRONOMS !
QUI ? MOI ?

Soutien orthographique

J'AI CORRIGÉ LES DICTÉES QUE VOUS AVEZ FAITES HIER, ET POUR CERTAINS C'EST UNE VRAIE CATASTROPHE !
PAR EXEMPLE, JONAS ! J'AI DÛ LIRE À HAUTE VOIX TON TEXTE POUR COMPRENDRE CE QUE TU AVAIS ÉCRIT !
YASSINE, JE REMARQUE QUE TU FAIS DES EFFORTS. CONTINUE COMME ÇA !
IGOR, C'EST MAGNIFIQUE COMME D'HABITUDE, FÉLICITATIONS !
LA PRÉHISTOIRE
MAIS IL Y EN A UN PARMI VOUS QUI ME SURPRENDRA TOUJOURS !
TOTO, JE TE FÉLICITE. TU AS FAIT DES PROGRÈS FANTASTIQUES ! TU AS OBTENU 8 SUR 10 !
OH, CE N'EST PAS DE MA FAUTE, VOUS SAVEZ ! C'EST SEULEMENT DEPUIS QUE CAROLE ET IGOR SONT ASSIS DEVANT MOI !!

Le bête pense le pense-bête

CIRCUS
NON SEULEMENT, TU N'ÉTUDIES PAS, MAIS EN PLUS TU UTILISES DES ANTISÈCHES !
JE NE TRICHAIS PAS, MADAME. C'EST MA MAMY QUI M'A DIT DE FAIRE CETTE LISTE !
ET EN PLUS, TU OSES ACCUSER TA MAMY !
MAIS C'EST ELLE QUI ME DIT TOUJOURS, QUAND ON FAIT DES COURSES, DE FAIRE UNE LISTE DE TOUTES LES CHOSES QU'ON DOIT PAS OUBLIER.

Problème technique

DANS LE CADRE DE NOTRE PROJET « SPORT À L'ÉCOLE », J'AI UN PETIT PROBLÈME À VOUS SOUMETTRE.
UN JOGGEUR COURT QUINZE KILOMÈTRES EN UNE HEURE TRENTE. À QUELLE VITESSE COURT-IL ?
JE RAMASSE VOS FEUILLES DANS UNE DEMI-HEURE !
D
A
15 km
TRENTE MINUTES PLUS TARD...
MERCI !
MERCI !
MERCI !
AH, TOTO ! COMME PAR HASARD, TU ME RENDS UNE FEUILLE BLANCHE ! POUR QUELLE RAISON, CETTE FOIS-CI ?
EUH ...
ATTENDS, LAISSE-MOI DEVINER... CE COUREUR S'EST FOULÉ LA CHEVILLE ? IL FAISAIT MAUVAIS ET IL A PRÉFÉRÉ RENTRER CHEZ LUI ?
NON !
NON !
J'AI TROUVÉ ! IL A ÉTÉ CONTRÔLÉ POSITIF À UN EXAMEN ANTI-DOPAGE ET IL N'A PAS PU PRENDRE LE DÉPART ! C'EST ÇA, HEIN ?
EUH... NON !
NON, NON ! VOUS N'Y ÊTES PAS ! J'AI SIMPLEMENT OUBLIÉ MA TROUSSE À LA MAISON EN PARTANT CE MATIN.

Le jour des problèmes

PARDON, MADAME, MAIS ON EST QUEL JOUR, AUJOURD'HUI ?
LE 13 JUIN, MAIS LE JOUR N'EST PAS LE PLUS IMPORTANT. LES RÉPONSES QUE TU M'ÉCRIRAS M'INTÉRESSENT PLUS !
JE M'EN DOUTE, MAIS JE VOUS DEMANDAIS ÇA POUR POUVOIR ÉCRIRE QUELQUE CHOSE SUR MA FEUILLE !

Cri du cœur

ALORS, COMMENÇONS AVEC LE CRI DU CHAT...
L'EUROPE
1. calcul
2. conjugaison
je cours
tu cours
il court
nous courons
vous courez
ils courent
EUH... IL MINOUTE ?
LE CRI DE LA POULE ?
ELLE COCOTTE ?
LE DINDON ?
IL DANDINE ?
LE SINGE ?
AH ÇA, C'EST FACILE, JE SAIS ! IL GRIMACE !
MAMAN ! J'AI REÇU MON CONTRÔLE SUR LES CRIS D'ANIMAUX !
TU AS L'AIR CONTENT ! TU AS VU QUE TU AS EU ZÉRO ?!?
SUMMER
JE SUIS CHARLIE
OUI, MAIS LA MAÎTRESSE M'A FÉLICITÉ. ELLE A DIT QUE JE FAISAIS TRÈS BIEN L'ÂNE !

Réponse terre à terre

IL N'Y A PLUS DE QUESTIONS ?
JE VOUS LAISSE DONC TRAVAILLER DANS VOTRE FICHIER MATHÉMATIQUE. VOUS AVANCEZ À VOTRE RYTHME. BON TRAVAIL À TOUS !
10 H 30.
10 H 45.
11 H 00.
11 H 10.
11 H 30.
TOTO ! ÇA FAIT PLUS D'UNE HEURE QUE TU DEVRAIS ÊTRE AU TRAVAIL !
ON EST SUR TERRE POUR TRAVAILLER, TOTO ! ALORS AU BOULOT !
BAM BAM
MAIS, MADAME, VOUS SAVEZ, PLUS TARD JE SERAI ASTRONAUTE, MOI !

Le cache à l'eau

25… 26… 27…
28… 29…
RAAAHH !
30 ! NOUVEAU RECORD D'APNÉE BATTU !
TRENTE SECONDES, C'EST PAS ASSEZ ! FAUT QUE JE TIENNE PLUS LONGTEMPS !
IL TE RESTE L'OPTION DE LA PAILLE…
C'EST-À-DIRE ?!
TU UTILISES UNE PAILLE POUR RESPIRER HORS DE L'EAU ET TU PEUX TENIR AUTANT QUE TU VEUX.
YASSINE, T'ES UN GÉNIE !
TOTO ! OÙ TE CACHES-TU ?
IL FAUT QU'ON PARLE DE TON CARNET DE NOTES !

Explication ponctuée

CALCUL, PFFF !
GÉOMÉTRIE, PFFF !
LECTURE, ENCORE PFFF !
CONJUGAISON, TOUJOURS PFFF !
GRAMMAIRE, PFFF !
MÊME GYMNASTIQUE, C'EST PFFF !
PFFF, JE TE JURE !
DIS-MOI, TOTO, COMMENT CELA SE FAIT-IL QUE TES POINTS SOIENT SI MAUVAIS ?
BULLETIN
MAIS C'EST SIMPLE, P'PA, C'EST PARCE QUE CE N'EST PAS MOI QUI LES METS !
SNIF !

Tête à os

DONC, LES OS DE LA MAIN SONT LE CARPE, LE MÉTACARPE ET LES PHALANGES !
BRAVO, CAROLE !
JONAS, CITE-MOI LES OS DU BRAS !
EUH... LE BRAS EST FAIT DU RADIUS, DU CUBITUS ET EUH... DE L'HUMÉRUS.
TRÈS BIEN, JONAS !
TOTO ! DIS-MOI QUELS SONT LES OS DU CRÂNE.
quelques formes
le triangle
le carré
devoir:
la table de 4
leçon:
le squelette et les os
?
EUH...
LA PRÉHISTOIRE
EH BIEN, TOTO ! JE T'ÉCOUTE !
le triangle
J'AI OUBLIÉ, MADAME, MAIS... JE LES AI TOUS EN TÊTE.

Le verbe du jour

NOUS AVONS PRESQUE RETROUVÉ CE QU'ÉTAIENT LES MOTS SOULIGNÉS DANS CE TEXTE. NOUS AVONS CLASSÉ LES ADJECTIFS ET LES NOMS.
beau
blanc
longs
bon
Adjectif
l'essui
un peigne
les cheveux
du gel
nom
MAIS IL NOUS RESTE UNE SÉRIE DE MOTS DONT ON IGNORE LA NATURE !
le savon
le dentifrice
l'essui
je me brosse
tu te laves
il se peigne
RAPPELEZ-VOUS, ON EN A DÉJÀ PARLÉ POURTANT ! « JE ME LAVE, TU TE BROSSES », QU'EST-CE QUE C'EST ?
MOI, MADAME, JE LE SAIS !
AH, OUI, TOTO ! ET C'EST QUOI ?
C'EST DIMANCHE, MADAME !

L'as de l'addition

PAS FACILE, CE CONTRÔLE DE MATH, IGOR ?
TU VEUX RIRE, YASSINE ! C'ÉTAIT SUPER-FASTOCHE !
IL N'Y A RIEN À FAIRE. MOI, LES MATHS, ÇA M'A TOUJOURS POSÉ PROBLÈME !
ET TOI, TOTO, TU NE DIS RIEN. ÇA N'A PAS ÉTÉ ?
NE M'EN PARLE PAS, OLIVE. JE VAIS CERTAINEMENT ME PRENDRE UN ZÉRO.
TU EN ES SÛR ?
OH OUI, AUSSI SÛR QUE DEUX ET DEUX FONT CINQ !
?

Tu vœux quoi ?

2,85 €/kg
3,50
2,50
VAS-Y, TOTO ! C'EST À TOI !
BONJOUR, MON GARÇON ! DIS-MOI CE QUI TE FERAIT PLAISIR POUR NOËL !
J'AIMERAIS LA COLLECTION COMPLÈTE DES INCORRIGIBLES AVEC L'ARMÉE DES MÉCHANTS ! MAIS MON PAPA DIT QUE VOUS NE POURREZ PAS FAIRE PASSER TOUT ÇA DANS LA CHEMINÉE !
HÉHÉHÉ
ALORS, J'AIMERAIS RENCONTRER MON PAPY QUI EST MORT AVANT QUE JE NAISSE !
CE QUE TU ME DEMANDES LÀ EST DIFFICILE À RÉALISER. MAIS PEUT-ÊTRE SOUHAITES-TU AUTRE CHOSE ?
J'AIMERAIS AVOIR UN SUPER BEAU CARNET DE NOTES !
OUAIS, BON, JE VAIS VOIR CE QUE JE PEUX FAIRE POUR TON PAPY !
COPPÉE 09/2010

Blanc ? Cassé !

RHOOOLÀLÀ, COMME C'EST MAGNIFIQUE !
REGARDE-MOI CETTE IMMENSITÉ BLANCHE, ADMIRE CETTE ÉTENDUE IMMACULÉE, CE PAYSAGE VIERGE DE TOUTE TACHE, PUR, AUX COULEURS LACTÉES !
EUH, ON DIRAIT ...
... LA COULEUR DE LA FEUILLE DE MON DERNIER CONTRÔLE DE MATHS !
ESF
ESF

Il effort fatigué

RONFLZZZZ, RONFLZZZZ ...
exercices dans le cahier de géométrie n° 3, 4 et 7, page 23
?
TOTO, JE CROIS QU'IL EST TEMPS QUE TU TE METTES AU TRAVAIL ! TU VAS ENCORE TERMINER LE DERNIER.
?
O UA HA, JE SUIS BIEN TROP FATIGUÉ AUJOURD'HUI POUR TRAVAILLER, MADAME !
MAIS, TOTO, LE TRAVAIL N'A JAMAIS TUÉ PERSONNE.
LA TERRE
OH, JE SAIS, MADAME, MAIS JE PRÉFÈRE NE PAS PRENDRE LE RISQUE D'ÊTRE LE PREMIER !

L'inspecteur a ri

LES ENFANTS, AUJOURD'HUI N'EST PAS UN JOUR COMME LES AUTRES.
L'INSPECTEUR EST EN CE MOMENT DANS NOTRE ÉCOLE. IL EST VENU VOIR SI VOUS TRAVAILLEZ CORRECTEMENT !
?
TOC TOC
ATTENTION, LE VOILÀ ! TENEZ-VOUS BIEN.
ALLEZ, LES ENFANTS, LEVEZ-VOUS !
RESTEZ ASSIS, MES PETITS AMIS. FAITES COMME SI JE N'ÉTAIS PAS LÀ !
LA TERRE
POURSUIVEZ, MADEMOISELLE ! JE VAIS M'ASSEOIR À CÔTÉ DE CE JEUNE HOMME !
DITES, MONSIEUR, JE PEUX VOUS POSER UNE QUESTION ?
MAIS BIEN SÛR, MON PETIT !
QU'EST-CE QUE VOUS ÊTES VENU FAIRE DANS MA CLASSE ?
JE SUIS VENU VOIR SI VOTRE MAÎTRESSE TRAVAILLAIT BIEN !
AH, ME VOILÀ RASSURÉ !
TAP TAP
?!
MAIS À MON AVIS, Mlle JOLIBOIS A DE GROS PROBLÈMES EN CALCUL !
SI VOUS VOYIEZ MON CARNET DE NOTES, ELLE NE SAIT PAS COMPTER AU-DESSUS DE ZÉRO !

MAIS CE N'EST PAS POSSIBLE ! ÇA NE S'ARRÊTERA JAMAIS !!
clic
clac
REGARDEZ ÇA ! LA FACTURE D'ÉLECTRICITÉ A ENCORE AUGMENTÉ !
?
L'ASSURANCE AUTO ?! AUSSI AUGMENTÉE !
ET LA FACTURE D'EAU, ELLE, A EXPLOSÉ !
TAXE POUBELLE ?! AUGMENTÉE ! PRIX DE L'ESSENCE ? AUGMENTÉ ! J'EN AI MARRE DE CES AUGMENTATIONS !
TU VAS ÊTRE CONTENT, P'PA ! DANS MON CARNET, IL N'Y A **AUCUNE** AUGMENTATION !
TH. CODDÉE 7/2012

Bulles, tiens !

PAPA, JE SUIS RENTRÉ DE L'ÉCOLE !
ATTENDS, TOTO. LE 30 JUIN, ÇA RIME AVEC QUOI À TON AVIS ?
?
PRENDS TON BAIN OU... HEU, ÇA VA BIEN ?
ÇA RIME AVEC « PASSE-MOI TON BULLETIN » ! ALLEZ, PAR ICI !
VOILÀ, TU N'AS PAS PEUR DE LE LIRE, BRAVO !
(CRI D'EFFROI)
TU CONNAIS LA DIFFÉRENCE ENTRE CETTE CHOSE ET MA LIMONADE, TOTO ?
HEU...
CHERCHE PAS, IL Y A DES BULLES DANS LES DEUX !

Faux en écriture (saison 2)

MAIS CE N'EST PAS POSSIBLE !
JE N'AI JAMAIS VU ÇA !
IL M'AURA TOUT FAIT, CELUI-LÀ !
MAIS QU'EST-CE QUE JE VAIS EN FAIRE, MOI ?
ALORS LÀ, TOTO, TU AS DÉPASSÉ LES BORNES !
C'EST LA PREMIÈRE FOIS QUE CELA ARRIVE DANS MON ÉCOLE ET C'EST AVEC TOI, ÉVIDEMMENT !
TOTO, TU AS IMITÉ LA SIGNATURE DE TON PAPA DANS TON CARNET DE NOTES !
MAIS PAS DU TOUT, MADAME LA DIRECTRICE ! C'EST PARCE QUE MON PAPA A UTILISÉ MON STYLO POUR LE SIGNER !

Bons parents et mauvais points

PAPA, JE SUIS RENTRÉ DE L'ÉCOLE !
HÉ, GAMIN, PAR ICI ! CE N'EST PAS LE JOUR DU BULLETIN ?
?
TU CROYAIS PEUT-ÊTRE QUE J'ALLAIS OUBLIER UN JOUR PAREIL, HMM ?
VOYONS... 0 SUR 20 EN SAVOIR CALCULER, 4 SUR 20 EN SAVOIR LIRE, 2 EN ÉVEIL ET 3 SUR 20 EN SAVOIR ÊTRE !
À MON AVIS, EN SAVOIR RIEN FAIRE, TU AURAIS EU CERTAINEMENT 20 SUR 20 !
HÉ HÉ
BIEN, TOTO, CE BULLETIN EST EFFROYABLEMENT MAUVAIS. JE ME DEMANDE CE QUE DIRAIENT LES PARENTS D'IGOR S'IL REVENAIT DE L'ÉCOLE AVEC DES RÉSULTATS PAREILS ?
OH, ÇA, ÇA NE RISQUE PAS ! SES PARENTS SONT INTELLIGENTS, EUX !?

Remise aux points

VOICI VENU LE MOMENT DE LA REMISE DU BULLETIN, COMME CHAQUE ANNÉE !
COMMENÇONS PAR LE « HÉROS » DE CETTE CLASSE : TOTO !
EH BIEN, TES PARENTS SERONT CONTENTS EN LE VOYANT. SI ON POUVAIT FAIRE DES PERLES AVEC TES ZÉROS, TA MAMAN AURAIT UN BEAU COLLIER CE SOIR !
ÇA TOMBE BIEN, JE NE LUI AVAIS RIEN OFFERT POUR LA FÊTE DES MÈRES...
MOUAIS, BON, MAIS IL EST TEMPS DE TE METTRE AU TRAVAIL !!
ENTRE NOUS, JE PRÉFÈRE ME METTRE EN CONGÉ !

Cercles sportifs

PAPA ! PAPA ! ME VOILÀ, JE SUIS RENTRÉ !
AAAAH, N'EST-CE PAS LE JOUR DU FAMEUX CARNET DE NOTES ?
JE T'AVAIS PROMIS DE BATTRE TOUS LES RECORDS GRÂCE AU SPORT À L'ÉCOLE...
... ET JE N'AI PAS RÉUSSI !
AÏE ! JE M'ATTENDS AU PIRE...
MAIS SI TU REGARDES BIEN, EN PRENANT MON ZÉRO EN CALCUL, CELUI EN LECTURE, PUIS CELUI EN GÉOGRAPHIE ET LES DEUX ZÉROS EN HISTOIRE ET EN SCIENCES...
EH BIEN, ÇA FAIT LES CINQ ANNEAUX OLYMPIQUES ! ÇA LE FAIT QUAND MÊME, NON ?!

Oiseau de bonheur

CHACUN D'ENTRE VOUS VA PROPOSER UNE PHRASE COMMENÇANT PAR « SI J'ÉTAIS UN ANIMAL, JE SERAIS... » ENSUITE, VOUS M'EXPLIQUEREZ POURQUOI VOUS L'AVEZ CHOISI !
ALORS, QUI COMMENCE ?
HUM... SI J'ÉTAIS UN ANIMAL, JE SERAIS UN AIGLE PÊCHEUR CAR C'EST L'OISEAU PRÉFÉRÉ DES AMÉRICAINS !
MOI, SI J'ÉTAIS UN ANIMAL, JE SERAIS UN CHEVAL CAR J'ADORE CET ANIMAL ÉLÉGANT ET AGILE !
JE SERAIS ARCEUS ET JE SERAIS LE PLUS FORT DES POKÉMONS !
MAIS, ÇA N'EXISTE PAS LES POKÉMONS !
ET TOI, TOTO, QUEL ANIMAL VOUDRAIS-TU ÊTRE ?
SI J'ÉTAIS UN ANIMAL, JE SERAIS UNE HIRONDELLE !
OH, UNE HIRONDELLE ! COMME C'EST ORIGINAL... ET POURQUOI CE CHOIX ?
PARCE QU'ELLE ARRIVE AU MOMENT DES VACANCES ET S'EN VA QUAND L'ÉCOLE RECOMMENCE !

Pris à tout prix

CHERS PARENTS, JE VOUS REMERCIE D'ÊTRE VENUS SI NOMBREUX POUR ASSISTER À CETTE REMISE DE PRIX.
À LA FIN DE CHAQUE ANNÉE SCOLAIRE, CERTAINS ENFANTS REÇOIVENT UN PRIX POUR LES FÉLICITER DE LEUR TRAVAIL OU DE LEUR COMPORTEMENT PENDANT CES DIX DERNIERS MOIS.
IGOR, VOICI LE PRIX DE L'EXCELLENCE POUR TON EXCELLENT TRAVAIL.
OLIVE, TU MÉRITES LE PRIX DE LA POLITESSE POUR TON ATTITUDE TOUJOURS POLIE AVEC LES AUTRES.
MERCI, MADAME !
YASSINE, BRAVO ! TU AS ÉTÉ COURAGEUX FACE À TON TRAVAIL CETTE ANNÉE ! VOICI DONC LE PRIX DU COURAGE !
CECI TERMINE CETTE REMISE DE PRIX. JE VOUS SOUHAITE À TOUS DE BONNES VACANCES D'ÉTÉ.
ET MOI, MADAME, J'AI PAS DE PRIX ?
MAIS, TOTO, TU T'ES OBSTINÉ À NE PAS TRAVAILLER CETTE ANNÉE !
D'ACCORD. MAIS VOUS POURRIEZ ME DONNER LE PRIX DE L'OBSTINATION ALORS !

Devinette qui sait

AH, TOTO ! N'AURAIS-TU PAS REÇU TON CARNET DE NOTES AUJOURD'HUI ?
OUI, OUI, MAIS D'ABORD, UNE DEVINETTE !
QUEL EST LE POINT COMMUN ENTRE MON CARNET ET UN POISSON ?
EUH... LES ÉCAILLES... IL PREND L'EAU ?
NON, NON !
IL EST ROUGE ?
TU Y ES PRESQUE, PAPA !
LES DEUX FONT DES BULLES !

Précaution du sage

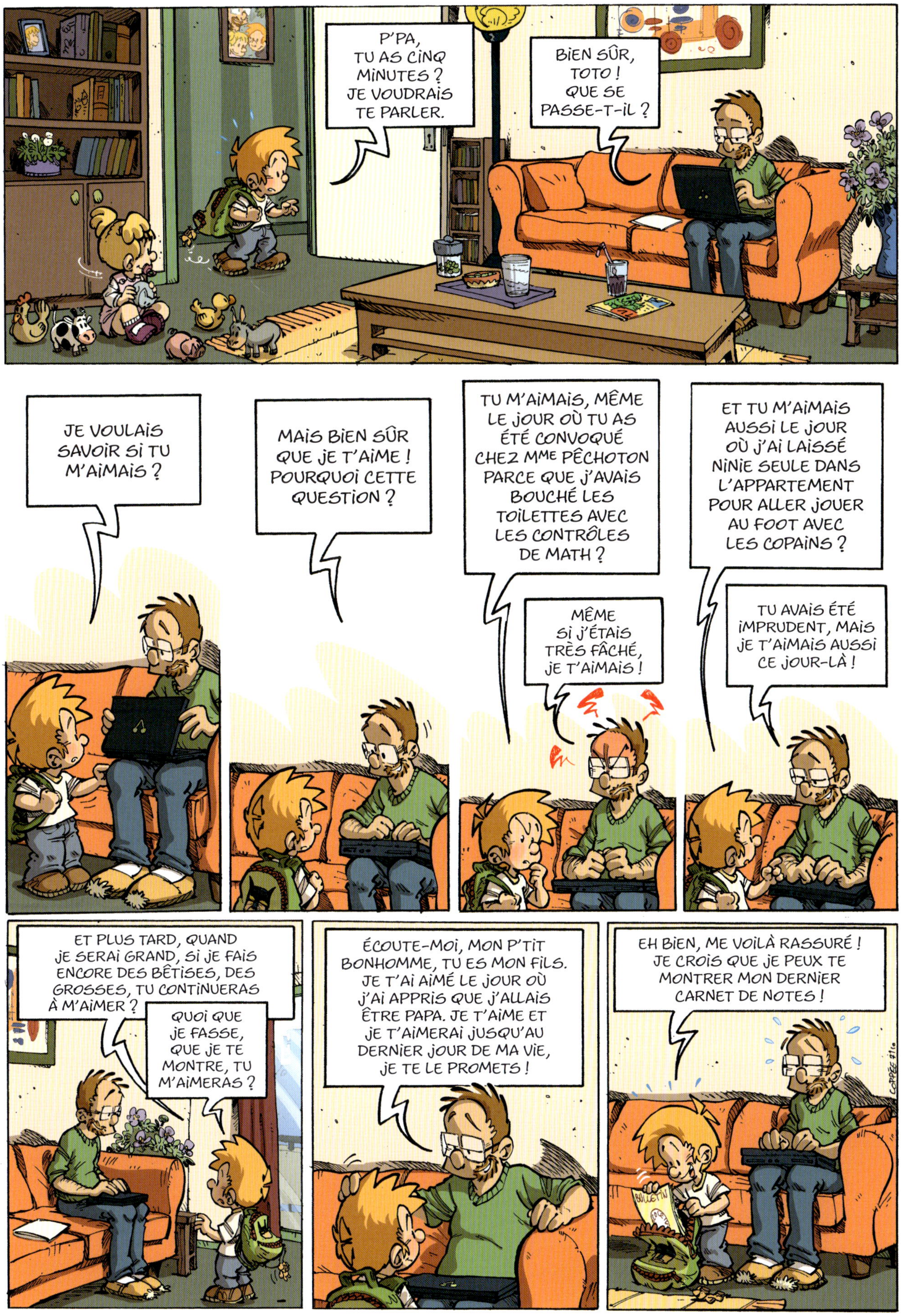
P'PA, TU AS CINQ MINUTES ? JE VOUDRAIS TE PARLER.
BIEN SÛR, TOTO ! QUE SE PASSE-T-IL ?
JE VOULAIS SAVOIR SI TU M'AIMAIS ?
MAIS BIEN SÛR QUE JE T'AIME ! POURQUOI CETTE QUESTION ?
TU M'AIMAIS, MÊME LE JOUR OÙ TU AS ÉTÉ CONVOQUÉ CHEZ Mme PÊCHOTON PARCE QUE J'AVAIS BOUCHÉ LES TOILETTES AVEC LES CONTRÔLES DE MATH ?
MÊME SI J'ÉTAIS TRÈS FÂCHÉ, JE T'AIMAIS !
ET TU M'AIMAIS AUSSI LE JOUR OÙ J'AI LAISSÉ NINIE SEULE DANS L'APPARTEMENT POUR ALLER JOUER AU FOOT AVEC LES COPAINS ?
TU AVAIS ÉTÉ IMPRUDENT, MAIS JE T'AIMAIS AUSSI CE JOUR-LÀ !
ET PLUS TARD, QUAND JE SERAI GRAND, SI JE FAIS ENCORE DES BÊTISES, DES GROSSES, TU CONTINUERAS À M'AIMER ?
QUOI QUE JE FASSE, QUE JE TE MONTRE, TU M'AIMERAS ?
ÉCOUTE-MOI, MON P'TIT BONHOMME, TU ES MON FILS. JE T'AI AIMÉ LE JOUR OÙ J'AI APPRIS QUE J'ALLAIS ÊTRE PAPA. JE T'AIME ET JE T'AIMERAI JUSQU'AU DERNIER JOUR DE MA VIE, JE TE LE PROMETS !
EH BIEN, ME VOILÀ RASSURÉ ! JE CROIS QUE JE PEUX TE MONTRER MON DERNIER CARNET DE NOTES !
BULLETIN

Le carnet dénote

ÇA Y EST ! JE L'AI ENFIN !
CARNET DE NOTES
NOM: TOTO
école IV
CLASSE DE Mlle JOLIBOIS
IL Y A QUELQUE CHOSE DE MAGIQUE QUAND CELA ARRIVE !
Bulletin d'évaluation
C'EST UN PEU COMME SI J'AVAIS RENCONTRÉ LE PÈRE NOËL LA NUIT DU 24 DÉCEMBRE...
J'IMAGINE, EN RENTRANT, LE REGARD PLEIN D'AMOUR DE MES PARENTS RÉUNIS AUTOUR DE CETTE 8ème MERVEILLE DU MONDE !
CE PRÉCIEUX SÉSAME ALLAIT ME PERMETTRE DE MONTER SUR LES PLUS HAUTES MARCHES DU PODIUM DU SAVOIR !
LE RÊVE DEVIENT RÉALITÉ !
BON, TOTO, TU ME RENDS MON CARNET DE NOTES ! MA MÈRE M'ATTEND !